28 Novembre 1910

V

AF494420

TABLEAUX ANCIENS

MEUBLES

OBJETS D'ART ANCIENS ET MODERNES

TAPISSERIE

Mᵉ ROBERT BIGNON

COMMISSAIRE-PRISEUR

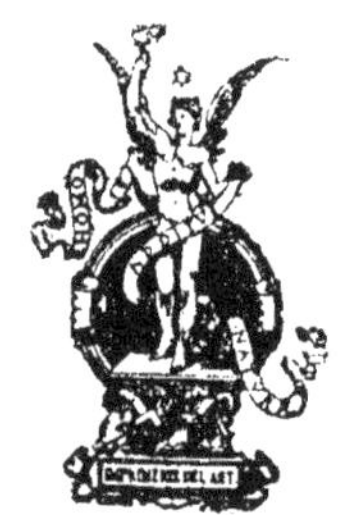

CATALOGUE

DES

TABLEAUX

Par, attribués à, ou d'après

CALLET, LANCRET, MARTIN, MIGNARD, MULLER, RIGAUD,
RUYSDAEL, VINCKBOOMS, WARDLOW-LAING, VAN CEULEN, VAN DER NEER
ET DES ÉCOLES FRANÇAISE ET ANGLAISE

OBJETS D'ART

Pendule époque Louis XVI, Appliques, Chenets anciens, Garnitures de Cheminées et de Foyer, Lanterne du XVIIe,
Buste et groupe de Marbre, Torchères, Terre cuite, Trumeau Vases, Flambeaux, etc.

ARGENTERIE, OBJETS DE VITRINE, MINIATURES

MEUBLES ANCIENS ET MODERNES

Lit laqué époque Louis XVI, Bureau cylindre époque Louis XVI,
Commode style Louis XVI, de la Maison Hoppiliart et Leroy, Bahut,
Crédence, Piano demi-queue de la Maison Pleyel,
Orgue de la Maison Alexandre,
Tables de Salon, Bureau dos d'âne, Consoles, Régulateur,
Vitrine, etc.

TAPISSERIE VERDURE A OISEAUX

TAPIS

DONT LA VENTE AURA LIEU

HOTEL DROUOT, SALLE N° 11

LE LUNDI 28 NOVEMBRE 1910

A deux heures

Me ROBERT BIGNON, COMMISSAIRE-PRISEUR
41, rue de la Victoire

EXPOSITION PUBLIQUE

Le Dimanche 27 Novembre 1910, de 2 heures à 6 heures

CONDITIONS DE LA VENTE

Elle sera faite au comptant.

Les adjudicataires paieront *dix pour cent* en sus des enchères.

L'exposition mettant le public à même de se rendre compte de l'état et de la nature des objets, aucune réclamation ne sera admise une fois l'adjudication prononcée.

ORDRE DE LA VACATION

Faïence, Porcelaine, Argenterie, Objets de vitrine, Tableaux, Objets d'art, Tapisserie, Meubles et Tapis.

Paris. — Imp. de l'Art, Ch. Berger, 41, rue de la Victoire.

DÉSIGNATION

FAIENCE ET PORCELAINE

1 — Huilier en ancienne faïence de Moustiers, décor à fleurettes.

2 — Petit pot en ancienne faïence de Strasbourg, décor à fleurs.

3 — Petit groupe en faïence décorée : Berger et Bergère sur terrasse.

4 — Paire de petits vases en faïence persane, décor en vert sur fond blanc.

5 — Deux bols et une petite théière en porcelaine de Chine, décor à personnages.

6 — Cache-pot en faïence de Nevers, décor en bleu sur blanc.

7 — Deux statuettes en porcelaine de Saxe : Marchand et Marchande de fleurs.

8 — Deux statuettes d'homme et de femme, en porcelaine de Saxe décorée.

9 — Service en porcelaine de Paris, de Locré, décor polychrome de bouquets détachés, bords dorés dents de loups. Environ quatre-vingt-quinze pièces.

10 — Coupe en porcelaine de Mennecy, décorée de bouquets de fleurs sur fond bleu turquoise ; anse en bronze doré.

11 — Coupe en porcelaine de Chine, monture en bronze.

OBJETS D'ART, MARBRES

12 — Pendule en bronze de forme haute. A gauche, un amour souffle dans un cor ; à droite, une branche avec oiseaux et fusil ; dans le milieu, arc et flèches. Le haut est surmonté d'un carquois et de deux oiseaux. Socle en marbre. Époque Louis XVI.

13 — Paire d'appliques à deux lumières en bronze ciselé à rocailles. Époque Louis XV.

14 — Paire de chenets en bronze à rocailles, et statuettes de Chinois et Chinoise assis. Époque Louis XV.

15 — Lanterne d'antichambre, formant lustre, en cuivre poli, à huit lumières. Commencement du XVIIe siècle.

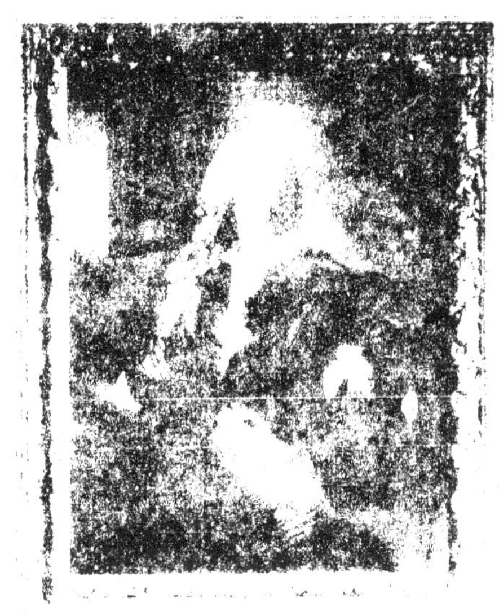

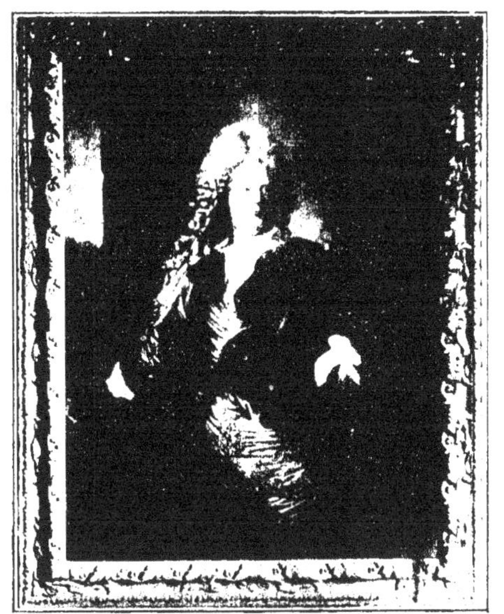

N° 90

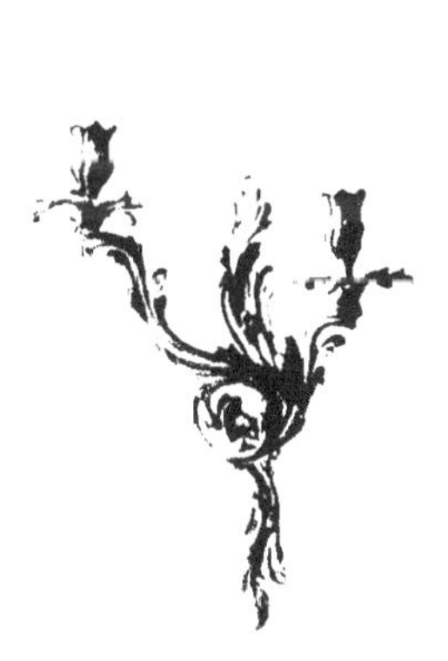

N° 13

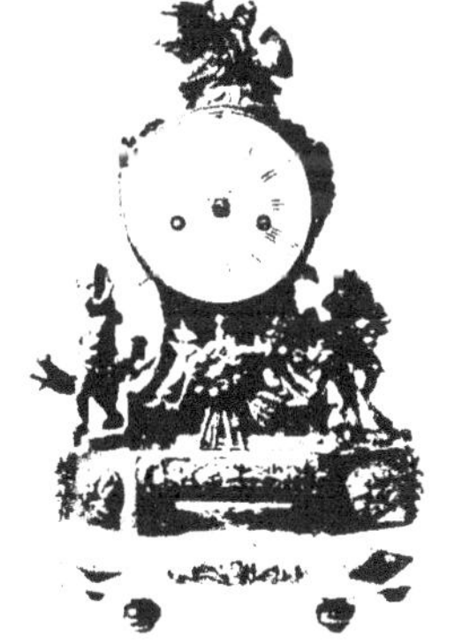

N° 12

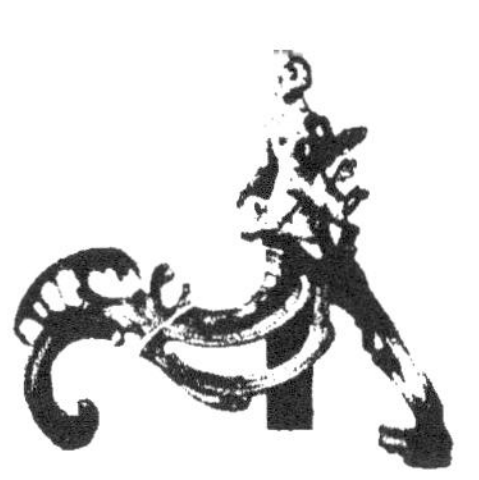

N° 14

16 — Garniture de cheminée Empire en bronze patiné et doré, composée d'une pendule, deux candélabres à quatre lumières et deux flambeaux.

17 — Grande galerie de foyer en bronze, formée par des enfants lisant, adossés contre des vases d'où s'échappent des guirlandes de fleurs. Style Louis XVI.

18 — Cartel en bronze doré, à mascaron dans le bas. Style Louis XVI.

19 — Paire de vases en cristal taillé, monture en bronze ciselé, anses à cols de cygnes. Style Empire.

20 — Galerie de foyer Empire en bronze, décor à palmettes et enfants.

21 — Pendule à colonnes en marbre blanc et rose, avec appliques en bronze ciselé à amours, surmontée d'un vase en marbre et bronze ; balancier formé par un panier fleuri. Style Louis XVI.

22 — Surtout, de forme ronde, en cristal taillé, sur pied en bronze, décor à écussons et draperie, pieds à griffes.

23 — Paire de landiers en fer forgé.

24 — Paire de flambeaux Empire en bronze ciselé.

25 — Buste en marbre blanc. Style Louis XVI.

26 — Groupe : Faune et Bacchante, en marbre blanc.

27 — Paire de torchères en bois sculpté et doré, style italien, formées par deux enfants assis sur une boule reposant sur trois pieds ; chaque enfant tient des fruits dans la main et sur leur tête repose un plateau. Époque Louis XIV.

28 — Buste en terre cuite, représentant une jeune femme drapée, les cheveux retombant en cascade.

29 — Trumeau Louis XV, surmonté d'une grisaille : Amours.

30 — Baromètre en bois sculpté et doré.

31 — Paire de flambeaux argentés, de style Louis XIV.

32 — Paires d'appliques en bronze argenté, à mascarons. Époque Louis XVI.

33 — Petit pot en étain. Époque Louis XV.

34 — Pendule Empire en bronze doré, surmontée d'un sujet : Vénus et l'Amour.

35 — Porte-carte en bronze doré. Signé : *Kann.*

36 — Statuette en bronze : l'Amour vainqueur. Signée : *Moreau Vauthier*, de la *Maison Thiébaut.*

Haut., 75 cent.

ARGENTERIE

37 — Coupe sur pied en argent repoussé et ciselé, à mascarons, feuillage et nœuds de ruban : au milieu, médaillon, femme assise, la main droite appuyée sur la tête d'un lion, couché à ses côtés.

38 — Plateau Louis XIV, de forme ovale, en argent repoussé; sur les côtés, quatre grandes coquilles; au centre, paysage animé de personnages; bordure à coquilles.

39 — Moutardier en argent ciselé et repoussé, à mascarons et guirlandes de feuilles de vigne et raisins, reposant sur trois pieds. Style Louis XVI.

40 — Paire de doubles salières en argent ciselé, à mascarons et guirlandes de feuillages. Style Louis XV.

41 — Paire de salières en argent, mêmes décor et style.

42 — Plateau en argent repoussé, fruits et nœuds de rubans; au centre, médaillon : tête de femme casquée.

43 — Saucière en argent ciselé, à palmettes et guirlandes de feuillage. De la *Maison Boin-Taburet*.

44 — Service à thé et à café en argent ciselé, à godrons, anses et becs à feuillages ; il se compose d'une théière, d'une cafetière, d'un sucrier et d'un pot à lait. Style Louis XV.

45 — Huilier en argent ciselé, à mascarons, grappes de raisins et feuilles de vigne; burettes en cristal taillé à fleurs, bouchons en argent. Style Louis XVI.

46 — Quatre petites salières, monture en argent ciselé et ajouré. Style Louis XVI.

47 — Service à poisson en argent gravé.

48 — Deux pelles à sucre en argent.

49 — Douze couteaux à dessert, lames et montures en argent, manches en nacre.

50 — Porte-flacons, de forme ronde, en argent ciselé, contenant quatre flacons. Style Louis XVI.

51 à 65 — Fort lot d'argenterie, comprenant : plats, plateau, sucrier, pichet, tasse et soucoupe, dessous de carafes, salières, cuillers, couverts, saucière, service à glace, etc., pesant environ huit kilos. (Sera divisé.)

OBJETS DE VITRINE

MINIATURES

66 — Montre en or, boitier ciselé : vase fleuri entouré de guirlandes de feuillage. De la *Maison Le Roy*.

67 — Petit nécessaire à ouvrage en or guilloché, composé de : dé, ciseaux, passe-lacet et étuis à aiguilles.

68 — Bonbonnière en écaille et ivoire ; le couvercle, orné d'une miniature : Portrait d'homme assis. Signée : *Boissier, 1860*.

69 — Bonbonnière en écaille veinée, cerclée or.

70 — Petite boite, de forme rectangulaire, en nacre travaillée, monture en argent.

71 — Râpe à tabac en ivoire sculpté, à personnages et panier fleuri.

72 — Miniature : Portrait de femme en robe bleue, à cheveux bouclés retombant sur les épaules.

73 — Miniature : Portrait d'homme assis, tenant une lettre dans la main.

74 — Miniature : Portrait de femme en corsage bleu largement échancré, coiffée d'un petit chapeau.

75 — Miniature : Portrait d'homme en costume bleu et cheveux poudrés.

76 — Miniature : Portrait d'homme en costume militaire ; cadre en bronze.

77 — Deux petits portraits d'hommes ; cadre en bois sculpté. Style italien.

78 — Boucle de ceinture ancienne en argent.

TABLEAUX, GRAVURES

CALLET (Attribué à)

79 — *Portrait de Jeune Fille.*

Vêtue à l'orientale, en robe blanche et mantille bleue, tenant dans ses bras deux tourterelles.

CEULEN (VAN)

(1590-1665)

80 — *Portrait d'Homme.*

Grandeur nature, vu à mi-corps, en habit noir ; col de gaze blanche. Il tient son chapeau de la main droite, le poing gauche appuyé sur une table. Écusson dans l'angle supérieur droit.

Panneau.

CHALLE (D'après)

81 — *Quand l'Hymen dort, l'Amour veille.*

Gravure en couleurs.

GIRARDET (D'après)

82-83 — *Clarisse Harlow.*

Deux gravures anglaises en couleurs.

GRIMELUND

84 — *Bord de plage animée.*

Dessin à la plume.

LANCRET (D'après)

85 — *Scène galante.*

Dessus de porte.
Cadre en bois sculpté.

MARTIN (Pierre-Denis)

86 — *Scène de bataille.*

MIGNARD (École de)

87 — *Portrait de Jeune Femme.*

Les cheveux frisés, en corsage gris enrichi de perles et pierres de couleur.

MULLER (J.)

88 — *Paysage avec lac.*

NEER (Attribué à Van der)

89 — *Paysage de Hollande.*

Effet de lune sur un canal avec barque : sur les rives, moulins et cavaliers.

RIGAUD (Hyacinthe)

90 — *Portrait de Jules Robert de Cotte.*

Vu debout, jusqu'aux genoux, presque de face, la tête haute, légèrement tournée vers la droite et encadrée de la haute perruque poudrée, retombant en boucles sur les épaules. Il est vêtu d'un habit rouge brique, orné de broderies d'or, un manteau vert prune à revers de brocart d'or passe sur l'épaule gauche, retenu par la main posée sur la hanche ; la droite est posée sur une console en bois sculpté et doré. Au second plan à gauche, une balustrade de pierres d'où s'élèvent à gauche une colonne et à droite un vase. Fond de paysage.

Toile. Haut., 1 m. 40 cent. ; larg., 1 m. 10 cent.

RUYSDAEL (Genre de)

91 — *Petite marine avec navires, par un gros temps.*

VINCKEBOOMS (Attribué à)

92-93 — *Festin dans le parc d'un château et, sous une charmille, réunion de personnages se reposant.*

Deux pendants.

WARDLOW-LAING

94 — *Enfant nu, couché sur la grève.*

Signé et daté : *1886.*

ÉCOLE ANGLAISE

95 — *Portrait de Jeune Fille brune.*

Demi-corps, grandeur nature, vêtue d'une robe blanche, tenant des fleurs, fond de paysage.

ÉCOLE FLAMANDE

96 — *Scène d'intérieur.*

ÉCOLE FRANÇAISE (XVIIIe siècle)

97 — *Portrait de Jeune Femme, cheveux châtains, corsage vert.*

ÉCOLE FRANÇAISE (XVIIIe siècle)

98 — *Portrait de Femme.*

Les cheveux poudrés, ornés d'un ruban bleu, vêtue d'un corsage jaune à rayures et nœud de ruban, manteau rouge.

ÉCOLE FRANÇAISE

99 — *Petite Marine.*

Au premier plan, maisonnette, animaux et cours d'eau animé.

Gouache.

ÉCOLE FRANÇAISE

100 — *L'Oiseau mort.*

Une jeune fille contemple tristement un petit oiseau mort qu'elle tient dans sa main droite, la main gauche appuyée contre la cage ouverte.

ÉCOLE FRANÇAISE

101 — *Portrait de Femme.*

En corsage gris et manteau bleu, elle porte une rose piquée dans ses cheveux poudrés.

ÉCOLE FRANÇAISE

102 — *Portrait de Femme.*

Vue de trois-quarts, en corsage gris, les épaules couvertes d'une étole bleue ; au cou, un collier de perles.

ÉCOLE FRANÇAISE

103 — *Portrait de Jeune Femme.*

Un ruban passé dans les cheveux ; elle porte un corsage de dentelle et un manteau d'hermine.

Cadre en bois sculpté.

ÉCOLE FRANÇAISE

104 — *Portrait d'Homme.*

Les cheveux poudrés, vêtu d'un costume bleu et col de dentelle.

ÉCOLE FRANÇAISE

105 — *Portrait de Jeune Fille.*

Elle tient une fleur dans sa main.

Pastel.

ÉCOLE FRANÇAISE

106 — *L'Indiscret.*

Petite gouache.

ÉCOLE FRANÇAISE

107 — *Portrait de Jeune Femme.*

En cheveux blonds, au corsage largement échancré et manteau bleu sur les épaules ; sa main gauche repose sur sa robe, et de sa droite elle tient un bouquet.
Cadre doré. Epoque Louis XIV.

ÉCOLE FRANÇAISE

108 — *Portrait de Jeune Femme.*

En corsage décolleté, elle a un manteau de velours vert, orné de pierreries, jeté sur les épaules. Epoque Louis XIV.

ÉCOLE FRANÇAISE

109 — *Paysage animé de personnages et animaux.*

ÉCOLE FRANÇAISE

110 — Deux dessus de portes sujets amours.

ÉCOLE HOLLANDAISE

111 — *Chanteur ambulant.*

ÉCOLE ITALIENNE

112 — *Boucs couchés au pied d'un arbre dans un paysage avec ruines.*

ÉCOLE 1830

113 — *Portrait de Jeune Femme.*

Gravure en couleurs.

114 — Gravure anglaise en noir : Jeunes Femmes dans un jardin.

115 — Gravure en noir : Le Petit Roi de Rome.

MEUBLES ANCIENS

ET MODERNES

116 — Lit laqué blanc, à colonnes soutenant un baldaquin entouré de guirlandes de roses, en bois sculpté. Époque Louis Louis XVI.

117 — Bureau Louis XVI à cylindre en acajou, à pieds cannelés, garni de bronzes ; dessus en marbre entouré d'une galerie de cuivre.

118 — Commode, de forme demi-lune, s'ouvrant à une porte et deux vitrines sur les côtés, ornée de bronze ; dessus en marbre blanc. Style Louis XVI. De la *Maison Hoppiliart et Leroy*.

119 — Table tric-trac Louis XVI en acajou, à pieds cannelés.

120 — Fauteuil Louis XVI en acajou, recouvert de velours rouge.

121 — Table à jeu Louis XVI.

122 — Paravent à quatre feuilles en noyer ciré. Style Louis XV.

123 — Bahut, formant crédence, en chêne sculpté, s'ouvrant à deux portes dans le haut.

124 — Table en bois noir et incrustations ; dessus en marqueterie.

125 — Piano demi-queue en palissandre ciré. De la *Maison Pleyel.*

126 — Orgue en palissandre verni. De la *Maison Alexandre.*

127 — Table de salon en bois sculpté et doré, à guirlandes de fleurs; dessus en marbre brèche. Style Louis XVI.

128 — Support à trois pieds en acajou, avec bronzes à têtes de femmes. Style Empire.

129 — Deux dessertes, de forme cintrée, en acajou, à fonds de glaces, étagères et tiroirs dans le bas; dessus en marbre entouré d'une galerie de cuivre. Style Louis XVI.

130 — Tabouret en bois sculpté, recouvert de tapisserie à fleurs, fond bleu. Style Louis XV.

131 — Table-bureau en marqueterie de bois; dessus en cuir. Style anglais.

132 — Vitrine en bois de rose et palissandre, s'ouvrant à une porte. Style Louis XVI.

133 — Bureau à dos d'âne en bois de rose et palissandre, appliques et entrées de serrures en bronze. Style Louis XV.

134 — Console d'applique en bois sculpté et doré. Style Louis XIV.

135 — Console d'applique en bois sculpté et doré. Style Louis XVI.

136 — Régulateur Louis XIII en chêne ciré.

137 — Meubles omis.

TAPISSERIE, TAPIS

138 — Tapisserie-verdure à fond de paysage ; au premier plan, arbres et oiseaux ; bordure à écussons, fleurs et guirlandes.

3 m. 70 × 2 m. 95.

139 — Tapis fond blanc, à encadrement de couleurs.

3 m. 10 × 1 m. 90.

140 — Tapis de galerie fond rouge, à encadrement fond bleu, dessins variés.

4 m. 65 × 1 m. 90.

141 — Tapis-chemin de Smyrne à fond rouge et dessins bleus.

4 m. 70 × 1 mètre.

142 — Petite carpette d'Orient à fond blanc.

1 m. 40 × 1 m. 10.

143 — Petite carpette à fond blanc, dessins variés.

1 m. 50 × 1 mètre.

144 — Carpette d'Orient, dessins à bandes.

2 m. 15 × 1 m. 35.

145 — Grand tapis de galerie de Smyrne à fond jaune, dessins de couleurs.

7 m. 20 × 2 m. 35.

146 — Petit tapis d'Orient à fond rouge, dessins variés.

1 m. 40 × 85 cent.

147 — Tapis d'Orient, encadrement rouge.

1 m. 35 × 1 mètre.

148 — Grand tapis de Smyrne à fond rouge, dessins verts.

4 mètres × 3 m. 50.

149 — Objets omis.

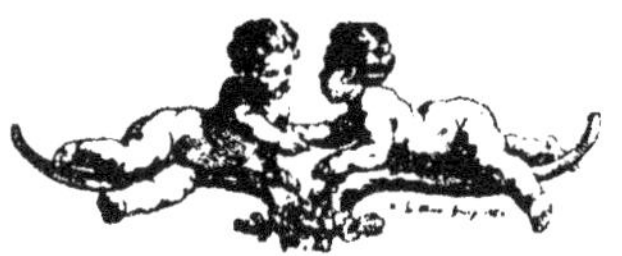

www.ingramcontent.com/pod-product-compliance
Ingram Content Group UK Ltd.
Pitfield, Milton Keynes, MK11 3LW, UK
UKHW020533180726
13839UKWH00005B/2491